AF130160

Christian Haase

Gedichte, die die Welt nicht braucht?

Mit Illustrationen von
Constanze Haase

Bibliografische Information der Deutschen Nationalbibliothek:
Die Deutsche Nationalbibliothek verzeichnet diese Publikation
in der Deutschen Nationalbibliografie; detaillierte bibliografische
Daten sind im Internet über www.dnb.de abrufbar.

© 2014 Christian Haase, Constanze Haase
Herstellung und Verlag: BoD – Books on Demand, Norderstedt
Umschlaggestaltung: Jan Knochmuß

ISBN 978-3-7322-9965-2

Unserer Mutter

Juli 2002

Aus der Traum

Am Anfang war der Sonne Schein
Allein die Welt aus Sand und Stein
Auch die Natur noch nicht entstellt
Allmächtig Gottes heile Welt

Als Adam seine Eva sah
Aus Liebe kam er ihr ganz nah
An diesem Tage nun begann
Allein der Menschen Größenwahn

Anstelle Ruhe kreuz und quer
Asphalt voll Autos und Verkehr
An Ampeln bildet sich ein Stau
Aus Abgas wird nicht jeder schlau

Auch wenn wir heute noch verzagen
Allgegenwärtig muss man sagen:
Am Ende fällt die Einsicht schwer
All diese Hektik wird noch mehr!

Balance der Vernunft

Bevor du die Entscheidung triffst
Beruf dich erst auf einen Freund
Bring in die Sache sorgsam Licht
Bedaure nur, was du versäumst

Bedenke Für und Wider nun
Beschwerlich ist der Weg und weit
Bis morgen gibt's noch viel zu tun
Bleibt wirklich nicht mehr lange Zeit

Bemüh' dich redlich, fang gleich an
Bei solchen Dingen scherzt man nicht
Bleib wie du bist und denk daran
Bewahre immer dein Gesicht

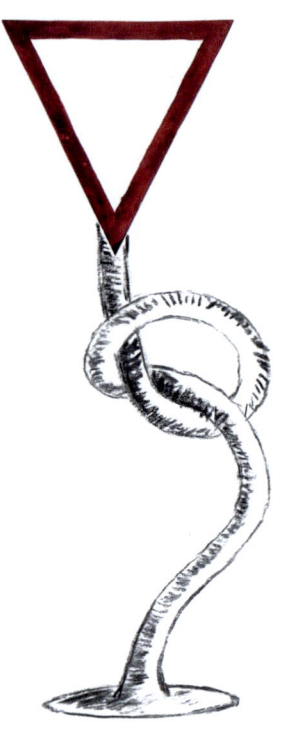

Crashtour

Chaos auf der Autobahn
Christian tut schon, was er kann
Chronologisch fährt er nur
Clever auf der linken Spur

Cola in der rechten Hand
Catering mit Sachverstand
Currywurst mit Brot im Mund
Couragiert, doch ungesund

Christian gibt jetzt richtig Gas
Charismatisch, ohne Maß
Cool gebremst, doch viel zu frech
Crash verursacht, so ein Pech

Demokratisch abserviert

Deutsches Volk, erhebe dich
Denn der Euro fällt ins Land
Durch der Mehrheit Angesicht
Dringt kein klarer Sachverstand

Die Parteien der Nation
Dirigieren einen Chor
Demokratisch nur ihr Ton
Doch das Volk bleibt außen vor

Dieser Umstand wiegt recht schwer
Denn der kleine Mann allein
Darf bezahlen hinterher
Der Minister Träumerei'n

Erwachen

Ein Leben lang dasselbe Spiel
Erfolg und Geld, der Menschen Ziel
Erst mit dem Alter irgendwann
Ein mancher fängt zu denken an

Erloschen dann der Jugend Schein
Erinnerung voll Schmerz und Pein
Ein Warten auf den nahen Tod
Erfüllt von Leiden, Qual und Not

Erhaben ist der Mensch allein
Erlebt er Glück und Sonnenschein
Erfüllung reift auch ohne Geld
Es zählt nur Liebe auf der Welt

Feierabend

Für heut' lass ich die Arbeit ruh'n
Fahr heim geschwind zu Haus und Weib
Flugs noch ein rascher Blick zurück
Fortan beginnt die ruhige Zeit

Fernsehgucken, baden geh'n
Faulsein, ach wie wunderschön
Frischbereitet Abendessen
Fisch und Gurken nicht vergessen

Fläzend vor der Glotze liegen
Fast ein urlaublich' Vergnügen
Flasche Bier noch in der Hand
Fernbedienung, Gott sei Dank

Fix und fertig irgendwann
Fang ich dann zu gähnen an
Folgt ein letzter Gang ins Bad
Füßewaschen, ganz apart

Fünf Minuten zieh'n vorbei
Funkuhr stellen, eins, zwei, drei
Früh um sechs soll's weitergeh'n
Feierabend: Du warst schön

Gute Nacht

Glühend heißer Sommertag
Ganz wie Gertrud G. es mag
Guckt auch gleich zum Fenster raus
Große Augen, welch ein Schmaus

Gelb die Sonne, blau das Meer
Glücklich sein ist gar nicht schwer
Gertrud zieht sich langsam an
Gut gesagt ist halb getan

Geht zum Schrank, nimmt eine Bluse
Grüngestreift, gelieh'n von Suse
Großer Schreck, sieht sie dann doch
Ganz versteckt, ein kleines Loch

Grübelnd läuft sie hin und her
Grollend, wie ein alter Bär
Glück und Freude geh'n vorbei
Gertruds Laune bricht entzwei

Ganz betrübt und gar nicht nett
Geht sie wieder in ihr Bett
Gegen Trauer hilft kein Tee
Gute Nacht, Frau Gertrud G.

Hoffnung

„Haste mal ’ne müde Mark?“
Horst hängt rum wie jeden Tag
Hände in der Hosentasche
Halbgelehrt die Whiskyflasche
Hagelschauer, hundekalt
Hier am Bahnhof Plänterwald

Horst verdrängt das Leid der Welt
Hoffnungslos und ohne Geld
Hat er niemals eine Chance
Hält er kaum noch die Balance
Hilft ihm keiner aus der Not
Holt die Einsamkeit der Tod

Heiligabend, kurz nach zwei
Hastig eilt Verkehr vorbei
Heut’ am ersten Weihnachtstag
Hält die S-Bahn Schlag auf Schlag
Hunderttausend Menschen geh’n
Horst jedoch wird kaum geseh’n

Hoffnung sucht man überall
Horst ist nur ein Einzelfall
Hand aufs Herz, wo Hilfe fehlt
Heiligabend: Liebe zählt!

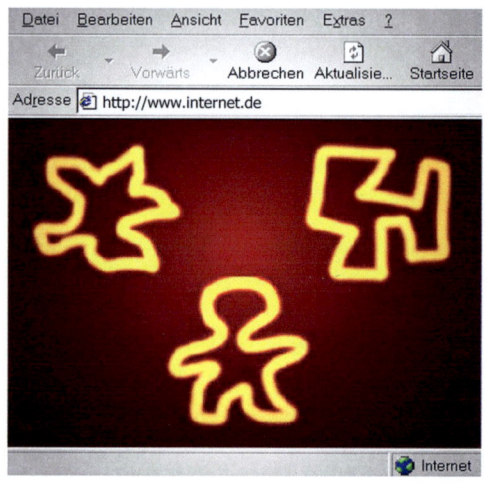

Internetz

Irgendwann in dieser Zeit
Irgendwo auf dieser Welt
Intrigierte nur der Neid
Int'ressierte sich der Mensch
Irgendwie nur noch für Geld

In der Tat, so war es mal
Ist noch gar nicht lange her
Informier' Dich ruhig einmal
Intellekt steht jedem sehr

Intensive Wissbegier?
Internet wird helfen dir

Jedem seine Theorie

Jeden Tag 'ne gute Tat
Jungs und Mädchen, strengt euch an
Jahr für Jahr, das ist zwar hart
Jedoch lohnt sich's irgendwann

Jubeln würden groß und klein
Jauchzen alle Welt wie nie
Jeder könnte glücklich sein
Jedenfalls in Theorie

Klimawechsel

Kommst Du mit nach Kanada?
Könntest helfen, wenn ich da
Klassisch mir ein Häuschen bau'
Komfortabel aber schlau

Kostengünstig in der Tat
Kaum, dass ich mir Geld gespart
Konto leer, doch mit viel Glück
Kaufte ich noch den Kredit

Klimatechnisch ist es dort
Kälter als an diesem Ort
Könnte auch recht windig sein
Kragenmantel, pack' ihn ein

Kriegst Du Lust, dann sag Bescheid
Komm vorbei, ich bin bereit
Koffer packen, gar nicht groß
Kanada, wir fliegen los

Licht der Zeit

Liebe kann man nicht erzwingen
Lebensweisheit Nummer eins
Lautlos wird sie nur gelingen
Lässt ein jeder jedem seins

Liebe heißt auch Leichtigkeit
Leben voller Energie
Licht nach langer Dunkelheit
Lust voll Schmerz und Phantasie

Land der Träume, buntes Treiben
Leichtsinn, Unbeschwerlichkeit
Liebe lässt sich kaum beschreiben
Lebensfreude, Glück der Zeit

Manifest der Freiheit

Mauern sind aus Stein gebaut
Mit geballter Energie
Manchmal leise, manchmal laut
Maurer achten darauf nie

Morgens, abends stets bereit
Mahnmal für des Lebens Sinn
Mauern sind ein Feind der Zeit
Musterbeispiel bleibt Berlin

Mit der Hacke in der Hand
Mörtel, Putz und Stein entzwei
Mauerlos durchs Vaterland
Mythos Leben: endlich frei!

Nachbarschaft

Neues Jahr heißt neues Glück
Nur das Böse bleibt zurück
Niemand denkt voll Heiterkeit
Negativ zu dieser Zeit

Niger, Tschad, Afghanistan
Nicht ein jeder feiern kann
Not herrscht vor in dieser Welt
Nahrung fehlt, vor allem Geld

Neujahr: Fest der Einigkeit
Noch bleibt Hoffnung und auch Zeit
Nur wer hilft steht seinen Mann
Nehmt euch armer Menschen an!

Oligarchie

Ollis Opa Ottokar
Oberst bei der Luftfahrt war
Oft hat er die Welt geseh'n
Oslo, Japan, Rom, Athen

Opas Heimat seinerzeit
Ohne Mauern weit und breit
Ostberlin, das gab's noch nicht
Offen war der Stadt Gesicht

Oder, Neiße, wunderschön
Ostsee darf man auch noch seh'n
Ob ihr's glaubt nun oder nicht
Ohne Freiheit lohnt sich's nicht

Paradox

Perfektion ist eine Qual
Penetrant, denn Mal für Mal
Prüfst du jegliches Detail
Passioniert und ohne Eil'
Produktiv, doch nie geschwind
Passt du auf, dass alles stimmt

Punktuell und sehr genau
Probst du für den Super-GAU
Pingelig zu jeder Zeit
Paranoia gar nicht weit

Passend deshalb nur der Satz
Perfektion ist für die Katz'

Quasi ein Irrtum

Querfeldein durchs Heidemoor
Quakt ein Frosch und an mein Ohr
Quicklebendig dringt ein Ton
Quak, Quik, Quok, wer weiß das schon

Quietschend hält ein Auto an
Qualm steigt auf und irgendwann
Quillt ein roter Bach hervor
Querfeldein durchs Heidemoor

Querulanten werden sagen
Quälerei, kaum zu ertragen
Quatsch, sag' ich, das war kein Blut
Quak, dem Frosch, dem geht's noch gut

Riesenspaß

Riese Roland ganz allein
Radelt mit dem Riesenrad
Rastlos, munter querfeldein
Rötlich hüllt der Sonnenschein
Roland ein, der Ferien hat

Regelmäßig, jeden Tag
Richtung Spielplatz ganz geschwind
Reitet Roland mit dem Rad
Rostig dessen Kette zart
Rasch und fröhlich wie der Wind

Rudi, Rolf und Robinson
Rolands Freunde aus dem Hort
Rufen ihn von weitem schon
Rudern wild wie unter Strom
Ringsumher, in einem fort

Rutschen, rennen, baden geh'n
Recht vergnügt, die Schule weit
Raufen und sich gut versteh'n
Richtig lustig zuzuseh'n
Riesenfreude, Sommerzeit

Spät - Zu spät

Spät am Abend, kurz nach zehn
Saß ein kleines Männlein schwach
Still und traurig anzuseh'n
Schluchzend da, an einem Bach

Sah der Sterne Treiben zu
Silbern in des Mondes Schein
Spürbar nah die sanfte Ruh'
Schwer nur Herr der Last allein

Stürmisch braust ein Wind heran
Schwillt das Bächlein gar zu sehr
Sand fliegt auf, der kleine Mann
Stürzt hinab, sein Platz nun leer

Sterbend in der Fluten Spiel
Steigt sein Geist zum Himmel auf
Selbstmord war sein letztes Ziel
Schmerzerfüllt des Lebens Lauf

Selbst des Frohen Daseins Sinn
Schwinden könnt' recht schnell dahin

Testphase

Tastatur und Monitor
Traurig sitzt der Jens davor
Tief gebeugt und recht gehemmt
Technik ist ihm ziemlich fremd

Trotzig greift er zu dem Buch
Titel: „Technik - Rotes Tuch"
Trinkt noch englisch in der Art
Tee mit Milch, denn das macht hart

‚Toll', denkt Jens, ‚hier stehen ja
Tipps und Tricks in wilder Schar'
Todesmutig fängt er an
Testet aus, was er nur kann

Tage später in der Tat
Turbo-Jens schon Ahnung hat
Täglich üben war sein Ziel
Trau' Dich auch, dann weißt Du viel

Utopie des Glücks

Um uns rum regiert der Welt
Unbeständigkeit und Not
Unversehrter Blick aufs Geld
Uferlos bis in den Tod

Und so treiben wir dahin
Ungenutzt das Glück der Zeit
Ungeahnt des Lebens Sinn
Utopie nur weit und breit

Vielfalt

Verflixt, wo ist die Maus nur hin?
Vorhin war sie noch da
Vielleicht ja unterm Küchenschrank
Versteckt sich dort und macht mich krank
Vor Angst, na ist doch klar

Vermutlich fand sie Spaß daran
Vergnüglich zuzuseh'n
Von unten, wie ich sie verflucht
Vier Stunden lang nach ihr gesucht
Vor Wut will ich nun geh'n

Verärgert steh' ich vor der Tür
Verdrießliches Gesicht
Verdammt, denk' ich, die kleine Maus
Vielleicht rennt sie ja selber raus
Verzweifeln werd' ich nicht

Verbleibt recht klein noch die Moral
Vorhanden im Gedicht
Vor Gott sind alle Arten gleich
Verschieden ist das Weltenreich
Verachte Tiere nicht!

Wintertau

Wo schon lang' kein Wies'n blüht
Weit versteckt, gar kaum geseh'n
Weint des Scheines hell' Gemüt
Wund geplagt, wintersmüd'
Wolkenbrüche niedergeh'n
Welt verloren, Welt verblüht
Wilder Liebe Wein erglüht
Ward der Himmel noch so grau
Wundersamer Wintertau

Xenophobie im Wörterbuch

X-mal renn' ich hin und her
X-Gedichte sind recht schwer
Xylograph und Xylophon
Xenophobisch deren Ton

X-fach müsst' ich gar verweilen
X kriegt deshalb nur sechs Zeilen

Yoghurtessen hält gesund

Yuppies gibt es überall
Yetis dafür nur im Schnee
Yankeehafter Börsenfall
Yen in Japan sagt ade

Yoghurt hilft zu dieser Stund'
Yoga auch, die Zeit bleibt steh'n
Yen in Japan wird gesund
Ypsilon, du kannst jetzt geh'n

Zahltag

Zähneknirschend, tief das Kinn
Zuckelt Konrad vor sich hin
Zum Betrieb, der Weg noch weit
Zehn Minuten bleiben Zeit

Zarter Frost an diesem Tag
Ziemlich kalt, der Wind recht stark
Zwanzig Jahre nun schon her
Zu 'nem Schlosser wurde er

Zimperlich ist Konrad nicht
Zuviel Arbeit hinter sich
Zuviel Ärger jeden Tag
Zetern hilft nur selten stark

Zitternd kommt er endlich an
Zeitgleich braust sein Chef heran
Zornig schneidet der Grimassen
„Ziemlich spät, Sie sind entlassen!"

Zähneknirschend und bedrückt
Zuckelt Konrad nun zurück
Zum Betrieb er nicht mehr brauch'
Zwanzig Jahre reichen auch

Und ganz zum Schluss …

Äquivalenz

Älter werden ist nicht leicht
Ärgerlich, denn langsam schleicht
Ächzend mit verstecktem Sinn
Äthergleich das Leben hin

Ändern lässt sich dies wohl kaum
Äpfel fallen stets vom Baum
Äste geben nach im Wind
Ähnlich auch wir Menschen sind

Öde Ölung

Österreichs Kurt Ödelbär
Ölverschmiert kommt er daher
Ökologisch hat er grad'
Öffentlich sein Motorrad
Ökonomisch repariert
Ölig nun, doch kaum frustriert
Ödelbär macht sich 'nen Spaß:
"Öde war's, die Öse war's!"

Übung macht's

Übel spielt das Ü uns mit
Überhaupt kein richtig' Glück
Überkommt den Dichter hier
Ü zu finden, wahrlich schwer

Überdies mit Hochgenuss
Üben wir bis zum Verdruss
Überlegen kontrovers
Übrig bleibt dies Übungsvers

Constanze & Christian Haase